En las antípodas del odio

del odio

En las antípodas del odio

Alejandro Román Santos

·EDICIONES·PANGEA·

Primera edición: febrero de 2025

Del texto: © Alejandro Román Santos

Del prólogo: © Nazaret Hidalgo

De esta edición: © Ediciones Pangea, 2025
41720 Los Palacios y Villafranca, Sevilla
www.edicionespangea.com

Edición al cuidado de José Peña Fierro

Diseño de cubierta: Darío Delos

ISBN: 978-84-129445-7-0
Depósito Legal: SE 190-2025

Impresión: Ulzama Digital
Impreso en España / *Printed in Spain*

A Marta.

Supongo que has sido tú,
no directamente, pero sí,
has sido tú todo el tiempo.

PRÓLOGO

Por Nazaret Hidalgo, amiga

Este volumen reúne, por primera vez, la poesía que el autor lleva cociendo desde hace años. Podemos decir que lo que logra generar con este libro es un lugar... una manera de mirar. Algo de lo que ya formas parte casi sin entender cómo ha ocurrido. Un espacio desde donde explorar sentimientos, emociones olvidadas, un pensamiento latente, una chispa que despierta tu mundo interior. En definitiva, aquello que la poesía tiene el poder de hacer: encontrar, sanar, destinarnos hacia donde las palabras se sienten reales.

Quien habita entre estas páginas es un Ale que he sabido reconocer de forma instantánea. Es el amigo que, con la simpatía que le caracteriza, se dedica a todo aquello que se cruce por su camino y le inspire algo de ilusión: desde observar el vuelo de un colibrí hasta escribir, con su puño y letra, la «historia de un anfibio en busca de refugio durante la gran extinción del triásico hace 252 millones de años». Sí, así es él. Un tipo curioso, en constante exploración, en continua búsqueda y captura de una nueva forma de hacer las cosas y entender a las personas que lo rodean, los animales y/o la naturaleza.

En las palabras que dan vida a este poemario hay espacio para el cariño y para las risas, pero también para esos momentos más complejos en los que el desamor aparece como una sombra que te hace sentir vulnerable. No es raro haberse sentido alguna vez entre las risas de una amistad y las lágrimas de una despedida, entre el dulzor de un encuentro y el amargo de un final. Algo de ello encuentras entre estos versos. Cada poema es una ventana a esos sentimientos que conocemos, pero que, a veces, no sabemos cómo expresar.

Sin más preámbulo, bienvenidos y bienvenidas a este encuentro con la poesía de Alejandro, un refugio que, como el arte en su totalidad, puede ser consuelo y desvelo. Un poco de amor, un poco de amistad y mucho de lo que significa ser humano, con todo lo que ello implica.

PRELUDIO

No, no quiero que te marches.
Y aunque lo quisiera,
no sería posible que lo hicieses.
Eres ese vestigio lumínico,
el fosfeno que ves
aun con los ojos cerrados
un destello luminoso
sin forma ni tiempo,
efímero y eterno
en su propia antítesis despechada.
Siempre estás ahí,
en mayor o menor medida,
pero siempre estás presente.
Indirectamente, en cada palabra
de cada poema que escribo
para musas que me invento,
en las metáforas con las que intento
explicarme lo que siento,
en mis antípodas del odio,
a las que erróneamente bauticé
por «Amor y desvaríos».

PERDERNOS

Al filo de un nuevo amanecer
me encuentro,
sin más certezas que el frío
y el miedo que tengo a perderte,
                    a perderme.

Ojalá el alba te devuelva a mí,
retornando, así, la luz a este abismo.

Poder mirarla

Entonces la miro
y me replanteo el significado
de la vida,
de todo lo que nos rodea,
de todo lo que es hermoso
y bello en este mundo
y que ni siquiera se compara a ella.

Entonces la vuelvo a mirar
y me pregunto:
¿De verdad importa todo tanto?
¿De verdad importa todo tan poco?
No sé. Lo único que de verdad
me importa es poder mirarla,
poder amarla y que eso signifique algo.
Poder mirarla, joder.
Si solamente pudiese asegurarme
eso en la vida...

Poder mirarla, porque es preciosa.

MICRORRELATO

Pasaron los meses
y los dos volvimos a destiempo.

FIGURAS RETÓRICAS

Busco la metáfora del tiempo
que me permita describir
la efímera infinidad de tu belleza.

Solo consigo antítesis a veces,
algún que otro hipérbaton
a la hora de ordenar mis sentimientos,
pero ninguna hipérbole,
puedo asegurarte eso.

En tu figura, las exageraciones
se desvanecen incapaces.

El derroche

Perfeccionemos el arte
de hacernos felices, sin miedo
a que la tristeza invada
nuestras entrañas.
Derrochemos la felicidad,
defenestrémosla,
solo para hacer creer
a nuestras mentes
que nos sobra,
aunque no sea cierto.

I

Habría pasado toda una vida
contigo,
Aún me culpo por haberme
despedido tan pronto.

Sobre el tiempo
y la reciprocidad del cariño.

Sin palabras me dices que no
tienes tiempo para mí.
Cuando coincidimos
y nos encontramos
y compartimos el tiempo,
se te ve feliz, y me das esperanzas
de que algún día podríamos llegar
a ser lo que siempre he soñado,
y poder decir que eres mi amiga
y que tú digas de mí lo mismo.

Pero tras la despedida
todo se torna incierto,
y ya no sé qué pensar. Y el tiempo
puede pasar solo para mí
porque tú nunca me escribes,
nunca lo has hecho.
¿Nunca me has echado de menos?

No sé quién soy para ti y la verdad
es que ya no quiero saberlo,
porque sé que ahora el tiempo
sí que ha pasado,
esta vez para los dos,
porque ya no te escribo
como tú nunca lo hacías,
ya no te echo de menos
como tú nunca lo hiciste.

Supongo que hay poco
sobre lo que pueda escribir
con respecto a ti.
No creo que existan las palabras
exactas y necesarias para describirte.
Eres demasiado trascendental
para la mente humana.
Y aun así, aquí estoy, escribiendo,
presumiendo de arrogancia.
Intentando recordarte lo maravillosa
que eres, aunque no encuentre
la palabra precisa
ni la expresión exacta.

PARÁFRASIS DEL POEMA «EL HÉROE Y EL COBARDE», DE MOHAMED SHARIF FERNÁNDEZ

Bajaría a los infiernos de tu mano,
subiría al cielo de tu boca,
pernoctaría en el purgatorio
de tu desdén,
para, al final,
vivir en la hermosa infinidad
de tu Edén.

El secreto

El secreto, señorita, está
en esforzarse en ver la gota
de belleza que contiene cada gesto.
Cada instante vivido guarda en sí
una pizca de hermosura
que se esconde tras los reveses
del vivir.

Si consigues verla
aun siendo consciente
de todos los demás instantes
en que la vida misma te mata
y te asedia,
experimentarás la existencia
como yo intento hacerlo
con cada nuevo amanecer.
A veces resulta tedioso y difícil,
pero vale la pena cada segundo vivido
si es que lo vives amando.

EL ABANDONO

Me domesticaste
y me abandonaste.

Un zorro dijo que uno debe hacerse
responsable de lo que domestica.

II

Desubicado,
como el cadáver de un cetáceo
en un trigal.

Vuela

Vuela libre que aquí estaré
esperando,
con la paciencia ciega
del que ve crecer al olivo.
Bate las alas sin miedo, que las gentes
se están impacientando,
desean, con fervor, leer lo que con besos
en tu piel escribo.
No temas, amor mío, la caída;
ya casi estás volando.
Recuerda que hasta las yubartas
intentan volar, por sentir
lo que es estar vivo.

El museo

Toda tú eres una obra de arte
expuesta en el museo de mi vida.
A veces, clásica y perfecta,
otras, abstracta y moderna.

Ojalá otros visitantes te vieran
con mis ojos.

Mañana

Mañana, cuando yo haya huido
en busca de un alegre porvenir,
cuando me haya cansado
de tus juegos circenses,
recuerda que fui yo el que cargó
con tus miedos e inquietudes,
con el único y simple fin
de que a ti te pesaran menos,
y volvería a hacerlo,
pero necesito tiempo.

El fásmido

Su piel esconde la belleza
del mármol pulido,
la textura de un libro antiguo
y la palidez de un fásmido invisible.
Su arjé es incierto,
su naturaleza, extraña,
pues ella no es la Idea,
sino el demiurgo que todo lo ordena;
ella todo lo da con amor,
y todo lo quita
con la fría hostilidad
de un invierno marciano.

LA CURA

A veces, la cura para el sufrimiento,
para el dolor y la tristeza está
en las cosas más pequeñas y hermosas,
que son gratis.
Podría decir que está en una pequeña
puesta de sol en la playa,
podría decir que está en las olas,
en el viento,
pero no.
La cura para la tristeza está ~~en tu piel,~~
~~en tus labios, en tu pelo, en tu mirada.~~
en uno mismo.

EL MUNDO Y LA VELOCIDAD

«Paráfrasis de *Life on Mars?*»

El mundo va tan rápido...
demasiado para mi gusto.
Dicen que nos centremos
en esos marineros luchando
en la pista de baile,
quedamos atrapados
ante una pantalla, aunque la película
sea tristemente aburrida,
es eso lo que quieren que vivas.
La realidad es que vivimos el más
extravagante de los espectáculos.

Sal a la calle y verás al recto hombre
de la ley golpeándome, no le importa
si soy el tío equivocado.
Pregúntate si estás escribiendo
tu película o es solo un guion refrito
de un concepto cinematográficamente
exprimido.
Dime que vas a escribir la historia
más estrafalaria, dime que tu vida

no va a ser un cuadriculado espacio
repleto de sueños sin intentar siquiera.

Sea como sea, mira nuestro excéntrico
cosmos, el frenesí de información
corre ante tus ojos abiertos
frente a un TikTok en el que solo
escroleas y escroleas en la pantalla,
buscando un fondo que no existe.
Nada posee sentido alguno,
nos han domesticado,
nos hemos acostumbrado a vivir
un *reality* exitoso y banal,
y eso es un terrible
e insignificante problema.
Pero tampoco podemos huir del plató,
seríamos cavernícolas entre rascacielos.
Parece más lógico ser siervos
y esclavos del sistema monetario
que nos enferma de capitalismo.

(Se calma.)

Mientras, yo me pregunto si hay vida
en Marte, aquí en la Tierra

nos ha salido mal.
Ocurre todo tan deprisa
que, cuando el tiempo recupera
su forma natural, la vida se torna
pesada y se vuelve difícil
sobrevivirla.

III

Se nos está olvidando amar
porque pasamos demasiado
tiempo odiando.

Sobre las ramas del árbol de mi vida
caminas sin más, como si la gravedad
no incitase tu caída,
como si no te costara mantener
el equilibrio.

LA DUDA Y LA CERTEZA

En la oscura noche de un domingo
sin luna, hambriento de ti, no consigo
dormir a causa de los recuerdos
afrutados que en mi mente dejaste.
El frío de tu ausencia despechada
me cala en lo más hondo del alma
y tus últimos mensajes rondan
la profunda vaciedad de mi mente.

Exhausto y a la deriva,
sin sacar ninguna conclusión,
sin entender siquiera lo que está pasando.

Con la duda de si he hecho algo mal.

Con la certeza de no haber hecho nada bien.

EL NÁUFRAGO

Tu sonrisa es un hermoso oasis
en el desierto de un hastiado lunes.
Me quedaría a vivir en ella
sin dudarlo,
cual náufrago en las arenas
de tus dunas.

Sobre los sentimientos
y el olvido

Me pregunto si sentías lo mismo
que yo siento por ti;
también me pregunto si ya
lo has olvidado.
¿Te preguntas cada noche
si me sigues importando?
Porque yo sí me lo pregunto.
Me duele pensar que ya no somos
lo que fuimos
y que no seremos todo aquello
que podríamos haber sido...

VERBA VOLANT

Tu ne trouveras pas d'autre certitude
que la peur que j'ai de nous perdre.

LA PIEL

En cada rincón de tu cuerpo,
en cada recoveco, hay un centímetro
de piel por el cual yo moriría.
Por la acequia que en tu clavícula
aparece cuando elevas uno
de tus hombros,
por esa zona, en la frontera
con la comisura de tus labios,
por el dorado de tus sienes
con tacto de seda
o por la apófisis de la vértebra
que abulta la carne en la cruz
con tus hombros.
Por cada uno de ellos y por otros
muchos más, yo en este momento
dejaría todo lo que tengo
y todo lo que soy,
pues yo vivo por esos centímetros
de piel.

IV

Y ahí estaba ella, que era fuego
y niebla al mismo tiempo,
muerte, vida, día y noche,
sin saberlo.

ZENDAYA

Eres como la sonrisa de Zendaya
en *Euphoria*:
probablemente no sea
lo más bonito del mundo,
pero podría estar mirándola
toda la vida.

7857KM

El reencuentro no fue de película,
nadie habría notado que llevábamos
diez meses tan lejos el uno del otro
solo viendo nuestro abrazo. Te miré
y me miraste, diciéndonos con los ojos
palabras vívidas que no se atrevían
a expresar nuestras bocas. Te miré
y fue como ver en persona a alguien
que solo habías visto antes en la tele.
Parecías una desconocida, aunque
en tus ojos te reconocía a la perfección.
Eras tú, te podía tocar y no parecía real.
Pocas cosas he deseado más en los últimos
meses que verte de nuevo, y si el abrazo
no fue de película es porque para mí
nunca estuviste lejos, nunca me había
sentido tan cerca de ti como cuando
te encontrabas a 7857 kilómetros de distancia,
cuando solo oír tu voz hacía que me sintiera
abrazándote, sin la necesidad de hacerlo
como en las películas.

Como dice Rayden

Vive solo una vez,
como si no fueses
a hacerlo más;
muere tantas veces
como te sea posible;
baila sobre esta antítesis despechada
y, como dice Rayden,
fóllate a la vida como si te fuera
la vida en ello.

V

Ama, porque es la única forma
plenamente viable y satisfactoria
que tenemos los seres humanos
para vivir en paz.

SE NOS ROMPIÓ EL AMOR

Si algún día todo esto sucumbe bajo el hielo,
no sientas hastío, amor mío.
No te entristezcas si todo lo que un día creamos
acaba entre llamas y ceniza.
Que no te duela el fin de nuestra primavera.
No llores, cariño mío, si el placer se torna
amargo y los besos a hiel llegan a saber.
No sufras, prométemelo y yo no sufriré.
No te culpes, ni me culpes de nuestro fin;
lo carnal es efímero, la idea será eterna.
Hagamos de nuestro ahora la mayor exhibición
de afinidad entre seres jamás experimentada.
Amémonos sin excepción en el tiempo.
Deséame tanto como te deseo y hagamos
del sexo una hipérbole.
Querámonos tanto, tanto que sepamos
orgullosos que, si el amor se acabó,
fue porque se nos rompió de tanto usarlo.

Gracias a mi madre por ser la alfarera de este trozo de barro.

A mis hermanos, porque estoy hecho de la materia que forma su felicidad.

ÍNDICE

Esta edición de *En las antípodas del odio*,
de Alejandro Román Santos, terminó
de imprimirse en febrero de 2025.